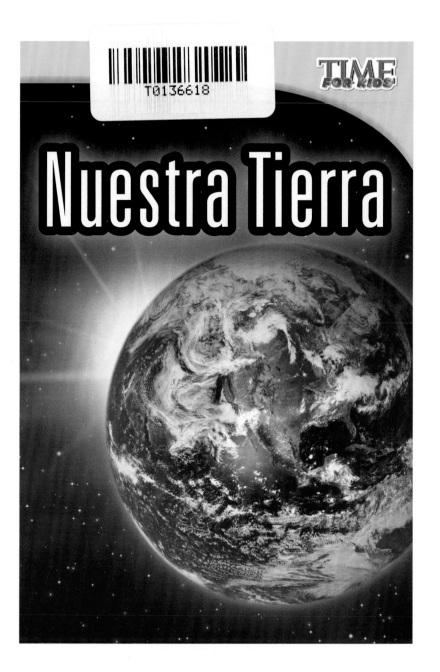

Nuestra Tierra

Kenneth Walsh

Asesor

Timothy Rasinski, Ph.D.
Kent State University

Créditos

Dona Herweck Rice, *Gerente de redacción*
Robin Erickson, *Directora de diseño y producción*
Lee Aucoin, *Directora creativa*
Conni Medina, M.A.Ed., *Directora editorial*
Ericka Paz, *Editora asistente*
Stephanie Reid, *Editora de fotos*
Rachelle Cracchiolo, M.S.Ed., *Editora comercial*

Basado en los escritos de *TIME For Kids*.

Teacher Created Materials

5301 Oceanus Drive
Huntington Beach, CA 92649-1030
http://www.tcmpub.com
ISBN 978-1-4333-4452-7
© 2012 Teacher Created Materials, Inc.

Tabla de contenido

Un planeta grande y poderoso................ 4

La gran canica azul 8

Agua, agua por todas partes................. 10

La atmósfera terrestre 16

El interior de la Tierra............................ 20

La historia de la Tierra 22

Glosario 28

Un planeta grande y poderoso

¿Alguna vez has jugado con tierra?
Tal vez parecía tibia y arenosa, y dejabas
que se te escapara entre los dedos.

O quizás estaba fría y embarrada, y la moldeabas como arcilla.

En ambos casos, hiciste algo
sorprendente. Tuviste en tus manos una
parte de un **planeta** grande y poderoso,
nuestro planeta: la Tierra.

La gran canica azul

Del Sol a la Tierra

¿A qué distancia del Sol está la Tierra? ¡A 92,897,000 millas!

La Tierra es parte de nuestro **sistema solar**. Esto quiere decir que es uno de los ocho planetas que **orbitan** nuestro Sol. Es el tercer planeta desde el Sol.

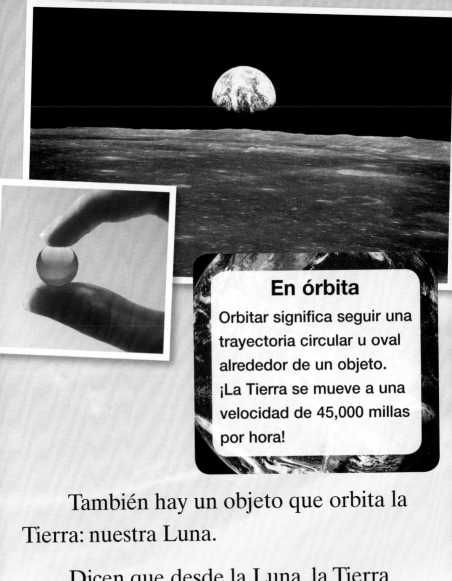

En órbita

Orbitar significa seguir una trayectoria circular u oval alrededor de un objeto.
¡La Tierra se mueve a una velocidad de 45,000 millas por hora!

También hay un objeto que orbita la Tierra: nuestra Luna.

Dicen que desde la Luna, la Tierra parece una gran canica azul.

Agua, agua por todas partes

¿Por qué la Tierra se ve azul desde el espacio? La razón es que hay más agua que tierra en la superficie de nuestro planeta.

Glaciares

Un glaciar es una gran masa de hielo que se extiende sobre una superficie terrestre o que desciende lentamente por una colina o un valle.

El agua cubre un 70 por ciento de la superficie de la Tierra. La mayor parte está en los océanos. El resto está en lagos y ríos, o congelado en los **glaciares** y los cascos de hielo del Polo Norte y del Polo Sur.

El agua es muy importante en la Tierra. Es el único planeta de nuestro sistema solar donde hay vida, y todos los seres vivos necesitan agua.

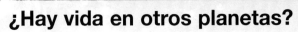

¿Hay vida en otros planetas?

Otros planetas tienen agua, pero no tienen todo lo necesario para la vida, como temperaturas confortables y aire para respirar.

El agua transforma la Tierra. El agua en grandes cantidades es muy poderosa. Los ríos y los glaciares cortan la superficie terrestre con el paso del tiempo.

Datos del agua

Los océanos de la Tierra son cinco veces más profundos que la elevación media de la superficie.

Por ejemplo, ¡el río Colorado tardó seis millones de años en formar el Gran Cañón!

La atmósfera terrestre

En la Tierra hay algo más que es tan importante como el agua. Es el aire.

El aire forma la **atmósfera** de la Tierra. La atmósfera es como un gigantesco manto que envuelve la Tierra. El aire que respiramos de la atmósfera se llama **oxígeno**.

¿De qué tamaño es?

La atmósfera de la Tierra se extiende cientos de millas desde la superficie del planeta.

El aire

El aire está compuesto de diferentes clases de gases. El nitrógeno y oxígeno componen la mayoría de la atmósfera de la Tierra.

La atmósfera también es importante porque protege la vida en la Tierra. Absorbe energía del sol y bloquea los rayos solares peligrosos.

La atmósfera terrestre está formada por varias capas. El clima ocurre en la capa más cercana a la superficie, que mide unas 10 millas de altura.

Capas de la atmósfera

termósfera

mesósfera

capa de ozono

estratósfera

tropósfera

El interior de la tierra

La Tierra también consiste de varias capas. La superficie se llama **corteza**. Es una capa fría y rocosa de unas 60 millas de profundidad. Está formada por grandes **placas** que se mueven y golpean, causando terremotos, volcanes y otras actividades violentas.

Debajo de la corteza está el **manto**. Mide unas 1,800 millas de profundidad y está hecho de gases y rocas líquidas.

En el centro de la Tierra está el **núcleo**. El núcleo mide más de 2,000 millas de ancho. ¡La temperatura allí es tan alta que puede alcanzar más de 12,000° F! El día más caluroso en la superficie terrestre fue de tan sólo 136° F.

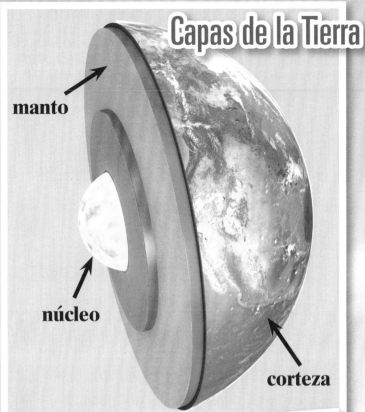

Capas de la Tierra

manto

núcleo

corteza

capas de roca
en la corteza

La historia de la Tierra

Los científicos creen que la Tierra tiene unos 4,650 millones de años de edad. Al principio, la Tierra era muy caliente y líquida. No había vida. Eso vendría mucho después.

El tamaño de la Tierra

Comparado con otros objetos en el espacio, ¿qué tan grande es la Tierra? Imagina lo siguiente: si el Sol tuviera el tamaño de un balón de fútbol, la Tierra sería del tamaño de una semilla de girasol, ¡sin la cáscara!

La forma de la Tierra cambió con el paso del tiempo. Ahora hay laderas y valles que antes no existían. El agua y el viento han provocado algunos cambios. Los movimientos terrestres han causado otros.

Los humanos también han transformado la Tierra. Los caminos, edificios y fábricas cambian la Tierra. La contaminación también la cambia, y le hace daño.

¿Esfera o huevo?

¿Es la Tierra redonda como una esfera? ¡No! Su forma es parecida a un huevo.

Los seres vivos de la Tierra también han cambiado con el tiempo. Hace muchos años, había dinosaurios. Ya no existen, pero los científicos creen que algunas aves pueden estar emparentadas con ellos.

Las plantas y los animales cambian con el paso del tiempo para ser más fuertes y saludables.

Pteranodon (dinosaurio volador)
Envergadura: 25 pies

Gaviota de California
(ave moderna)
Envergadura: 4 pies

La Tierra nunca deja de cambiar. Hoy en día es distinta a cuando se formó. Dentro de millones de años, será diferente de como la conocemos ahora.

Glosario

atmósfera—las capas de aire que rodean la Tierra y la protegen

corteza—la capa fría y rocosa de la superficie terrestre

glaciares—grandes masas de hielo que se mueven lentamente a través del terreno

manto—la capa media de la Tierra; formada por gases y rocas líquidas calientes

núcleo—la capa central de la Tierra; es muy caliente

orbitar—seguir una trayectoria circular u oval alrededor de un objeto

oxígeno—un gas incoloro, insípido e inodoro que respiran los humanos

placas—las secciones de la corteza terrestre

planeta—una gran masa en el espacio que orbita una estrella

sistema solar—grupo de cuerpos celestes que se mueven alrededor de un sol central